JN409255

시간 상실

강민호 시집

국립중앙도서관 출판예정도서목록(CIP)
시간 상실 / 지은이: 강민호. -- 서울 : 채운재, 2015
ISBN 978-89-93829-93-8 03810 : ₩10000
한국 현대시[韓國現代詩]
811.7-KDC6
895.715-DDC23 CIP2015023827

시간 상실

인 쇄 2015년 8월 25일
초판1쇄발행 2015년 9월 3일

지 은 이 강민호
펴 낸 이 양상구
웹디자인 김초롱
펴 낸 곳 도서출판
주 소 100-861 서울시 중구 삼일대로6길 13
(서울빌딩202호)
전 화 02-704-3301
팩 스 02-2268-3910
H . P 010-5466-3911
E.mail ysg8527@naver.com

정 가 10,000원

채운재 시선 60

시간 상실

강민호 시집

도서출판 채운재

「발문 시」

불타는 눈물바다에
숨 막힌 가슴인들
어찌 그대뿐이겠는가.

어두운 세상살이
죽어도 눈 못 감을 아픔이
어찌 그대뿐이겠는가.

잠 못 이루는 피곤한 밤이
보이지 않는 먼 그 길이
어찌 그대뿐이겠는가.

아무에게도 말할 수 없는 아픔이
누구에게도 보일 수 없는 눈물이
어찌 그대뿐이겠는가.

미움도 사랑의 일부이고
원망도 감사의 일부이며
눈물도 웃음의 일부인 것을.

버리고 비워 얻은
자유와 평화며 행복의
주인공이 되어주렴.

마음 그림자에 속지 않고
인연 놀이에 붙들리지 않는
주인공이 되시기를 빌면서.
눈물 나도록 고맙고 감사한 민호 군에게

시인 강민호 법우에

대 우

차 례

1부 뭉게구름

2부 본 모습

차례

3부 시간 상실

4부 교과서

차례

5부 한마디 말씀

1부
뭉게구름

인연

인연이란 줄은
누가 던지고 누가 잡는지 모른다.

잡아야 하는 이유도 없고
잡아서도 놓아버리면
그만인 줄이다.

인정이 많은 당신은
내가 던진 인연을 잡고
놓지 않는다.

당신의 탯줄에 달린 적도 없고
핏줄 하나도 얽히지 않는
인연에서 모정(母情)이 느껴진다.

애써 억누르지 않겠다.

맥도 풀고 혼자 있을 때
내 안에서 올라오는 아버지 모습을
애써 억누르지 않겠다.

나이를 들며 내 행동이
아버지의 모습을 닮아가는 것을
애써 막지도 않겠다.

아버지 삶이
내 삶에서 재현될까 봐
무심코 나오는 아버지의 버릇을
이젠 애써 어누르지 않겠다.

대선배님의 조언

삼례에서 친구들과
막걸리 마시다 웃음이 나온다.

신입생 환영회 때
대선배님 조언에 옹졸해지던
내 모습이 생각나 웃음이 나온다.

어디가나 남들보다
더 배고파야 하는 못난 것을
꼬집은 말로 오해했다고 말한다.

어디가나 살 수 있게
나를 다스리는 지혜로 성장하라는
충고였다고 말하며 웃음이 나온다.

해물파전과 함께 모자랐던 내 모습을
좋은 안주거리로 하여 즐겁게
막걸리에 취하고 있다.

드라이브

바다로 둔갑한 하늘에 홀려
휠체어 드라이브를 했다.

백화[1]가 핀 바위 같았던 구름도
자취 감춘 하늘 보며 휠체어를 몰았다.

예약했던 장콜[2]도 취소하고
20분 거리를 두 시간 동안 왔다.

하늘이 보여준 도청건물
신기루에 속아서 지나치고.
도로안내판을 가리는 가을 햇살.

보석 잎사귀로 달라지는
가로수 따라 멋진 드라이브 하며
즐겁게 집으로 왔다,

---

1) 백화: 백화현상으로 수온 상승으로 바닷물의 성분인 탄산칼슘 의해 바위가 하얗게 변하는 현상.
2) 장콜: 장애인들이 이용하는 콜택시.

노을

짙은 노을은 하늘의 아름다움도
오래 머물지 못하는 해의 아쉬움.

산 능선에 걸쳐 변해가는 나뭇잎
쳐다보고 싶은 해의 출동.

강에 멈추어 짙어지는 억세 꽃 빛을
바라보고 싶은 해의 마음.

조금씩 빠르게 오는 어둠에 쫓겨
가는 해의 종종걸음이 노을로 나타났다.

눈 내리는 날

창밖에 눈이 참 보기 좋게 옵니다.

헤픈 웃음처럼 방정맞게 오지 않고.
뜬금없는 웃음처럼 놀라게 오지 않는다.

함박웃음 안고 내리는 눈
끝이 몰라 지칠 수 있는 삶에
추임새 넣은 미소처럼 보입니다.

_

이상한 장마

구름만 시커멓게 뭉쳤다가 흩어졌다.
누렇게 말라가는 잡곡들과
한층 더 푸석푸석해지는 땅도
아랑곳하지 않고 또 흩어졌다.

한참 동안 마른천둥만 울리고
잔뜩 구름만 뭉치게 하다가
갈망하는 생명수 내리지 못하고
누렇게 말라가는 마른장마.

소망

신(新)바람의 새해를 부르자
마음 껏 고함을 지르다.

삼백육십오일 동안
소망들이 마른 장작처럼 타는
열정으로 살겠다는 결심을 외친다.

겨울비 같이 내리는 실망들로
차갑게 식지 않겠다고 다짐하며 큰소리친다.

찰나에 뜨거워져서 소망들을 먼지로
날려 보내지 않겠다는
큰소리로 맹세한다.

내일이면 시작될 한해의 끝 밤에
소망들을 태우는 따뜻한 마음이 되겠다는
고함을 힘차게 지르고 있다.

햇살 고운 날

고운 햇살은 시간 도둑이다.

어제오늘이 다른 빛나는 거리로
꾸미는 고운 햇살이 귀한 시간을
속속히 훔쳐간다.

고운 햇살은 시간 손매 치기다.

번쩍거리면서 불꽃놀이 하는
연못을 보는 사이에 소중한
하루를 슬쩍 빼간다.

산들바람

석 달 동안 지글지글
식용유 타는 소리 같은
매미 소리만 들리던 도시에
딩동 거리는 피아노 소리 같은
산들바람이 불다.

가볍게 춤추는 손가락같이
창문에 매달린 커튼을 피아노 건반처럼
흔들면서 소리 없는 리듬으로
가을이 온다는 것을 알리는
산들바람이 불다.

뭉게구름

하늘에 뭉게구름들이
가득해집니다.

시원하게 부서지는 흰 파도
포말 같은 뭉게구름들이
하늘을 뒤덮었습니다.

뜨거운 땡볕도 가려주어
산책하기 좋은 신선한 날이
되었습니다.

잔인한 바람

2014년 4월은 잔인한 달이다.

찢어지는 목련이 생각나서일까?
자동차 바퀴에 밟히는 벚꽃이
떠올라서일까?

소름이 솟고 겨우 묻었던 슬픔이
다시 한 번 두려운 기억으로 올라온다.

피는 도중에 떨어진 꽃들[3)]
아이들을 바다에 잠기게 한 4월
있으라 하는 잔인한 방송이
메아리로 들려오기 때문이다.

---

3) * 팽목항의 아이들

빗소리

낙양落陽은 밤 빗소리가
기적이 일어나는
소리인 줄 알았다.

종유석같이 변했던 나뭇가지에
연둣빛이 깃들어 가는
소리인 줄 알았다.

부러진 쇠창살같이
앙상한 나뭇가지에 노란 꽃 피는
소리인 줄 알았다.

겨울잠 깨는 잔디들이 하품할 때
흘린 눈물이 이슬로 맺히는
소리인 줄 알았다.

별에도 스며드는 따뜻한 바람 뒤에
빗소리가 나면 딴딴한 번데기들이
나비들로 변하는 모습을 그리며
낙양(落陽)[4]은 마음이 설레었다.

---

4) 낙양落陽: 주요한시인의 필명 중 하나.

가을이 갔다

서둘러 가을이 갔다.

코스모스를 피우며
올 때와 다르게 눈구름에 쫓겨
뒤 모습이 보이지 않게 갔다.

출렁일 때마다
색이 변하는 나뭇잎에
놀라워하며 천천히 왔는데.

파란 하늘에
새 발자국처럼 생긴 구름 디딤돌을
한발씩 밟으며 왔는데.

아침에 첫눈이 흩날리는 것 보고
마른 낙엽들도 치울 새도 없이
가을이 갔다.

CD처럼

–신해철 추모 시

내 마음이 온종일
손상된 CD처럼
민물장어의 꿈만 부릅니다.

따뜻한 고등어 국이
몹시 그리웠던 춥고 배고팠던
삼례 저녁때처럼 나를 위로합니다.

예전이나 지금이나
누구 인지라도
문제를 풀고 있는 나.

답이 없는 문제에
공감해주는 노래를 남겨주시고
떠난 것이 감사하는 마음에
민물장어의 꿈만 부릅니다.

어린 시절

되돌아갈 수 없기에
꼭 한번 되돌아가고 싶은 어린 시절.

일요일이면 막내 고모와 공부하고.
아버지가 바다에서 광주리에 담아온
자리돔 한두 마리 구워 먹었지.

딸기 우유가 아니라고
할아버지에게 투정한 기억이 맞는지
한번쯤 돌아가서 확인하고 싶다.

메르스

낙타도 없는 나라로 묻어 왔지만
왕성하게 변성하는 메르스.

천적(天敵) 없이 번식하는
황소개구리처럼
알맹이 없는 예방법을 내놓는
나라에서 널리 퍼진다.

변수를 생각 못 한 예측은
펠레 저주[5]가 되고
실수를 쉬쉬하는 버릇은
나라에 대한 신뢰감을
한 번 더 버리게 한다.

그저 외래종 감기일 뿐인데
고쳐지지 않았던
나라의 나쁜 습관이
너나없이 무서운
병이 되게 한다.

---

5) 펠레 저주: 펠레가 월드컵 우승팀으로 지목한 나라가 예선 탈락

꽃 비바람 부는 날

오늘은
꽃 비바람이 분다.

오라!
하늘에서 선녀가 봄나들이
내려오는 날이구나.

어느새 길거리는
내린 꽃 비 방울들로
융단이 깔려 있다.

하늘이 열리는 것을
못 보게 하는 듯이
햇살은 점점 더 눈부시게 한다.

꽃 빗줄기는
눈앞도 못 보게
바람 타고 세차게 내린다.

날개옷을 벗겨가는 나무꾼이 있을까
세찬 꽃 비바람 부는 사이에
살짝 다녀갔다.

소나무

저녁마다
밑동이 타는 소나무

매일 큰 아픔 속에서도
변하지 않은 푸른 잎은
강한 의지다.

저녁 햇살에
밑동이 검게 타는 소나무

화상으로 밑동이
거칠게 변해도 푸른 잎은
곧은 생각이다.

훗날 수많은 절망 속에서
살아야 하는 너와 나는
소나무를 본받아야 한다.

2부
본 모습

봄 바다

우리는 모두
봄 바다 따라 변했다.

일 년[6] 동안
서러운 눈물 같은 포말이
진주같이 빛나는 포말로
변하는 봄 바다 같이
슬픔을 기억하지 않는다.

신에게 소리쳐 울며
살려달라고 기도하던 아이들
아이들이 좋아하던 음식을 올려놓고
눈물이 바다가 되었지만
남의 일을 보는 듯이
무심히 바라본다.

자식에 대한 슬픔에 젖어
비통에 울음소리 하늘을 울리지만
세월은 한만 남기고
푸른 바다는 침묵에 잠긴다.

---

6) *세월호 일년

거리마다

거리마다
떨어지는 낙엽들이
새처럼 보인다.

힘없이 떨어지다가
바람 타고 힘차게
하늘로 날아오르곤 한다.

새싹으로 돋아나서
단풍으로 변하여 수를 놓고
수많은 사연 남긴 채
미련 없이 거리마다 떨어진다.

친구

생각하면 어이없어
웃게 되는 친구가 있다.

일곱 살이나 어린놈이
나를 키웠다고 말했다.

미안해, 고마워 말만 했던
장애인을 얌전한 여자 동기가
휠체어를 차게 만드는 짓궂은
농담하는 동기생으로 키웠다고 했다.

생각하면 기가 막혀
웃게 되는 친구가 있다.

졸업하고 만날 때 일 학년
나를 이용했다고 고백했다.

유난히 장애인 동기들이 많았던
학번에 적응하기 위해
나랑 친해지면서 어울러
노는 법을 터득했다고 고백했다.

언어장애가 있어 선생 노릇 못할 것이니까
임용도 안 본다고 했던 내가
시집준비 한다는 말을 듣고
그 친구는 조금 자랐다고
어깨를 툭툭 친다.

가채점

한참 동안
달콤한 사탕 같은
합격의 기쁨을 맛보다가
결국에는 쓴 보약 같은
불합격의 좌절을 삼켰다.

침 삼킬 때마다
느껴지는 보약 맛같이
합산점수 볼 때마다
맛보는 쓴 좌절감이
나를 더욱 튼튼하게 했다.

자아를 골병들게 하는
실망보다 실천하면서
더욱 건강 자아가 되는
새로운 날을 위해
공부계획을 세운다.

합격이 숨차서
못 올라가는
높은 고지가 아니라
차근차근 오르면 갈 수 있는
언덕만큼 낮게 보이게 한다.

탑을 무너트리자

새로
세운 것인데
미련 갖지 말고
탑을 무너트려야 한다.

어떻게
세운 것인데
미련 갖지 말고
탑을 무너트려야 한다.

공들어 세운
답도 잘못된
방법으로 세운 것이니까
흔적도 없이 없애야 한다.

그 자리에
낮은 탑도
올바른 방법으로
새 탑을 세우기 위해.

모방(模倣)

도저히
분수에 안 맞은
꿈이라고 생각될 때.

나는
이름 없는 인디언의
시 한 편 베껴 쓴다.

오래된 바위가
어린 인디언에게 들려준
얘기로 쓴 시를 베껴 쓴다.

산길로 지나가는 사람들이
많이 보았다는 바위의 얘기로
쓴 시를 베껴 쓴다.

기억

집으로 돌아올 때
기억을 되돌려 봐도
아버지 얼굴이 보이지 않는다.

쏟아지는 햇살 가운데
동글게 나타나는
그림자만 보인다.

설 명절 마치고 올라올 때
기억을 다시 해봐도
아버지는 보이지 않는다.

할머니 옆에
검은 그림자만 남겼던
아버지를 생각하게 된다.

고향 집에서 아버지를 보지 못해도
서러워하지 말고 열심히 살라는
의미이었을까?

우물

밑바닥에
누가 있는지
통 보이지 않는다.

무언가 하려 할 때
나를 망설이게 하는 사람이 누구인지
몹시 보고 싶은데
전혀 보이지 않는다.

필요 없는 말을 해서
올무 같은 걱정에 갇히게 하는 이
우물 속에 있다.

도움이 안 되는 말로
미로 같은 생각에 갇히게 하는 사람이
우물 속에 있다.

완고한 의지도 흩뜨려놓은 사람을
보고 싶은데 우물 같은 마음에 숨어 있어
생김새도 몰라서
두려움도 더 크게 일어났다.

작가의 조건

칼보다 더 많은 목숨을 빼앗은
이 펜을 사용해도 될까?

싱가포르 침략을 찬양하며
학생들을 전쟁터로 내몰았던 펜처럼
사람들의 판단력을 마비시키는
글 쓰지 않을까?

방패보다 더 많은 것들을
막아내는 이 펜을
사용해도 될까?

자치운동[7]을 쓰면
민족의 변절자란 비난을 막아내고
한 줄 반성 쓰면
친일에 대한 비판도 막아낸 펜처럼
나의 병명을 쓰지 않을까?

---

7) 자치운동: 3.1만세 운동이 이후에 완전한 독립이 어렵다는 인식이 확산되어 일부 지식인들이 일제가 허용하는 범위 안에서 자치권만 얻자는 운동.

자기비판을 잊은 시인처럼
새파랗게 살아 있던 양심을 죽이며
글을 쓰지 않을까?

단어만 많이 안다.

예전보다 단어만 많이 안다.

재료들만 많이 알고
깊은 맛을 못 만드는 요리사처럼,

이 재료 저 재료 썩어
조잡한 맛내는 요리 같은 이 글들.

혀끝에서 깊은 맛을
낼 수 없는 요리처럼.

별 감동 주지 못하고 잊어진다.

할머니는 꼬마가 된다.

할머니는 말하면서
다섯 살짜리 꼬마가 된다.

삼배치마 입고도
고모 줄 놀이에 빠져
아빠의 상喪날도
잊혔던 꼬마가 된다.

내가 밥 먹으면
여덟 살짜리 꼬마가 된다.

약한 어깨로
물허벅[8]을 지고와
주인집 아이들을 밥해
먹일 때처럼 기뻐한다.

---

8) 물허벅: 제주 사투리로 물 항아리.

허상虛像

혀가 낙엽처럼 부서질까 봐
보이는 아버지를
부르지 못합니다.

바로 앞에서 웃은 아버지 모습이
한낮 미련의 되새김이 된
허상虛像이기 때문에
꾹 참습니다.

실체 없는 아버지를 애타게 부르다
침도 마르고 침샘조차도 손상되어
바스락 조각날까
걱정되기 때문입니다.

외마디 대답도 하지 않은
재생시킨 영상 같은 모습을
미련스럽게 부르는
바보가 되기 때문입니다.

본 모습

드디어 절망에 갇혀 있는 것이
본 모습이라고 말할 수 있다.

몇 발자국 떨어진 사람이 되어
본 보습이 거짓말하기
지쳤다고 증언한다.

제삼자가 되어 가슴에 있는
남의 진실한 글들로
본 모습을 위장했다고 말한다.

꿈이 없는 희망과
따뜻함이 없는 온기로
글쓰기 전에 본 모습을
드러내며 치료한다.

고민이 없는 것

고민은 마음에 사는
미생물이다.

한 무리가 없어지면
또 다른 한 무리가 나타나면서
언제나 마음에 산다.

마음이 혼란하게 감정이나 느낌을
활발하게 움직이게 하며
새로운 생각을 갖게 한다.

고민 하나도 생기지 않아
지금은 글 한 편도 쓰지 못하고 있다.

가을 저녁 연가

장복방[9] 벽에
노을의 그림자가 생길 때면
이곳에서 머무는 것이
꿈이 되어버린 슬픔이
출렁거렸다.

웃고 떠드는 학생 한 명이
다시 혼자 노는 법을
배우기 싫은 서글픔이
쌓여만 갔다.

학교생활 추억들이 많아질수록
가족들이 일 나간 빈집에서
견디지 못할 것 같은 불안감이
커져만 갔었다.

9) 장복방: 우석대학교 장애학생복지연합회 사무실.

숨바꼭질

숨을 데도 없었던 하늘에
잘도 숨었던 시 한 편.

구름도 한 점 없는 하늘
어디에 숨어 있었을까?

아마 아직 하늘의 모습을
표현하지 못하는 내가 문제인 뿐.

연어 한 마리

연어 한 마리가
물살을 거슬리며
몸을 되돌린다.

터널 같이 이어지는 개울. 강
모두 지나온 한 마리 연어가
개울로 숨어 들어간다.

넓은 데로 나올 때마다
푸르게 빛나던 비늘에서
지독해지는 비린내가 나고.

몸집이 커질 때마다
거세지는 꼬리 짓도
힘이 없어진다.

파도치는 바다에 살 용기를 잃어
알도 못 낳는 어린 연어 한 마리가
개울로 돌아가고 있다.

술이나 마실까?

술이나 마실까?

한 편의 시(詩)로 뭉쳐지지 않는
푸석푸석한 시심(詩心)들만
자욱한 지금 술 생각이 난다.

깡마른 먼지 같은 시심(詩心)들을
몇 묶음으로 찰지게 하는
술 마시고 싶다.

며칠 동안 모은 자료들이
리포트로 써지지 않을 때처럼
술기운을 빌릴 어리석은 생각을 한다.

3부
시간 상실

그림을 그리자

예전처럼 마음으로
그림을 그리자.

홀리는 말 같았지만
선생님들의 말씀으로
지금 생활을 그렸던 것처럼.

어리석게 느꼈지만
선생님의 말씀을 따라
현재를 그렸다.

바다에 나갔던 할머니 와야
배를 채우던 내가
혼자 살게 되었고.

학교를 졸업하고 시설에 가서
규칙 따른 생활 대신 대학에서
결정하는 생활하게 되었다.

노력하는 만큼 삶이 달라진다는
사람들의 말을 들으면서
또 다른 미래를 마음으로 그리자.

삶의 시나리오에 대해 알았다면

삶의 시나리오에 대해 알았다면
실망도 없었을 것이다.

정해진 주인공의 삶에
맞춰진 기적을 바라지 않았으니까.

삶의 줄거리에 대해 알았다면
당황도 없었을 것이다.

때맞춰 요행이 굴러오지
않는다는 것을 알았기 때문이니까.

시도를 많이 할수록 내 삶이 시나리오가
더 알차게 되는 것을 알았다면
겁먹은 새도 없었을 것이다.

알맹이를 버리자

알맹이를 버리자.

곱고 크게 맺히는
알맹이를 버리자.

아깝지만 오만으로 속이 찬
이 큰 알맹이를 버리자.

작아도 겸손으로 맺힌 알맹이가
많이 맺혀 있다.

곱지 않아도 더 낮아져서
노력하게 하는 알맹이가
더 소중하기 때문이다.

되돌아 왔다

무턱대고
타이핑 반복 연습했던
소년으로 되돌아 왔다.

소설가를 꿈꾸며
마우스스틱[10]으로 타이핑 연습했던
소년으로 되돌아 왔다.

그저 글 쓰는 것에
마냥 즐거워하던
소년으로 되돌아 왔다.

한편씩 쓸 때마다 마음이
부쩍부쩍 자라났던
소년으로 되돌아 왔다.

---

10) 마우스스틱: 손이 불편한 장애인들이 입에 물어 컴퓨터하거나 그림을 그리는 보조기구.

심장

심장이
파닥파닥 뛰는
연어가 됩니다.

물안개를 토해내는
거센 물살에도 쓸려 내려가지 않은
연어 몸짓처럼 힘차게 뜁니다.

험한 바다 한 바퀴 돌아와
자신의 알을 낳은 기쁨에
취한 연어처럼 심장이
요동치고 있습니다.

시간 상실

벌써 작년이 되었다고
말할 만큼 상실된 시간.

짙은 안개 같은 아버지의 흔적
사랑이 담긴 눈동자를 보다가
가는 시간도 까맣게 잊었다.

자식들에 대한 사랑이
듣기 싫은 술주정. 허풍도 치지 못했던
삶 탓이란 것을 몰랐다.

마지막 병원 갈 때
막내를 보고 가겠다는 아버지 사랑에
해가 바뀌는 것도 잊었다.

할머니 모습

밤새 아기구덕[11] 흔들고도
한 짐 땔감 해오시고
쌀 한 포대도 부엌에 옮기시던 할머니

마음은
30년 전처럼 잠수해서 소라 성게
때어 올라올 수 있지만.

지금은
해변 바위틈에서 미역 줄기만
뽑아서 망실리[12]에 담는다.

4, 5년 전만 해도
소라 성게로 가득했던
망실리에.

---

11) 아기구덕: 제주도에서 어린 아이를 재우는 기구.
12) 망실리: 해녀들이 해산물을 담은 그물로 만든 주머니.

오래된 기억

앞뒤가 모두 지워진 영상같이
할아버지께서 돌아가신
날이 보인다.

늘 웃어야 하는 해가
먹구름으로 얼굴을 가리고 떴던
아침 모습이 흑백 영상처럼 보인다.

앉은뱅이 재봉틀들이
곡소리 따라 정신없이 삼베옷을 만든다.

동네어른들 사이에서 담배만
빼금빼금 피우는 아버지
모습이 보인다.

커피 마시며 아버지를 묻고 온
내 그림자처럼.

입관(入棺)

살색을 칠한 플라스틱 같은
아버지 몸을 씻기다.

폐와 간이
술과 담배로 다 놓아
속이 텅 빈 몸을 깨끗하게 한다.

수염 깎고 머리도 단정하게 빗고
무스 바르고 삼베옷 입히고
가족들을 보게 한다.

육지에 있는 큰아들까지 온 것 보여주고
오동나무 관(棺)에 몸을 눕히다.

이따금

이따금 눈이 붉어진다.

가슴에서 내려가지 않은 슬픔이
핏줄기가 되어 눈으로 올라오게 한다.

소리 내어 울지 못했던 큰아들은
아무도 없는 방구석에 와서
붉은 눈물을 흘린다.

설명할 수 없다.

왜 이런 마음이 드는지
설명할 수 없다.

서른 살도 넘어 만난 사람인데
엄마로 느껴질까?

할머니에게도
숨기는 의식의 밑바닥의
모습까지 드러내어 보이다.

겉치장인 나이가 많아지면서
눌러야 했던 무서움이 많은
연약한 내 모습을.

할머니

명절 때 할머니와
몇 번 더 같이 지낼 수 있을까?

고향 집에 할머니가
안 계신 훗날이 눈에 보일 만큼
가까워지고 있다.

할머니는 극장에서 영화로
명절을 보내는 나를 안타까워 하지만

나는 점점 더 좋은 집과 휠체어를
가질 수 있게 공부시켜 주신 할머니
못 볼 날이 가까워지는 것이 슬프다.

변명도 되지 않은 핑계

변명도 되지 않은
핑계가 떠올랐다.

귀신은 보이지 않고
말도 하지 못하니까
내 마음대로 핑계를 만들어냈다.

구십 살에도 아이만 봐주고
저녁은 집에 가서 잡수시던
왕 할머니니까.

연탄 방에 안 주무시고
왕 할머니가 구불을 지펴야 하는
게울 건너 초가집으로 가셨으니까.

고작 제삿밥 때문에
외 자손 집에 안 오신다는 핑계로
내 손자까지 제사 모시겠다는 말을
단지 좋은 말이 되게 한다.

걱정

남은 양을 확인 할 수 없는
배터리 같은 할머니 수명(壽命).

초침도 변화 없이 움직이다 멈춘
시계처럼 가실까 걱정된다.

할머니를 뵈러 다녀올 때마다
더욱 크게 이는 할머니와 분리불안13)

내일로 내일로 오는 끝나지 않은
그리움의 전주14)인가?

---

13) 분리불안: 유아기 아이들이 엄마랑 떨어질 때 느끼는 불안감.
14) 전주: 오페라가 막이 오르기 전에 하는 연주.

지옥 섬

치어들을 잡은 어부들처럼
어린애들까지 끌고 갔던 지옥 섬[15].

숨 막히는 더위로
갱도에서는 팬티만 입고
석탄을 캐어야만 했다.

채찍 자국에 석탄가루 떨어져서
피부병이 되고 고된 일로 뼈가 부려져도
콩깻묵[16] 두 덩이를 먹기 위해
일해야만 했다.

밤마다 꾸었던 고향 뒷동산
뛰어다니며 찔레꽃을 따먹는 꿈마저
원폭이 터진 거리 청소하며 깨지게 했다.

---

15) 지옥 섬: 일본명 하지마섬으로 19세기에 개발된 해저탄광이 있었다. 조선인 중국인들을 잡아간 12시간 넘은 강제 노동시켰다.

16) 콩깻묵: 하지마 탄광에서 노동자들에게 지급했던 식량으로 재래식 비료로도 사용했음

떠올리면 스스로 용서 못 하는 것일까
세계유산이란 타이들 얻어
지옥 섬의 부끄러운 역사를
때어버리려 한다.

행복했던 시절

문자 하나 받고 휠체어 충전하려
밤 캠퍼스를 가로질러 온
후배 때문에 행복했던 것이 아니다.

커피 마시고 싶을 때마다
문자 보내면 뽑아온 동기 때문에
행복했던 것이 아니다.

미래가 달린 공부도 미루어 놓고
병원에 같이 가주웠던 선배 때문에
행복했던 것이 아니다.

수치스러운 내 모습을
스스로 외면하면 외톨이가 된다고
말해주는 친구들을 만나서 행복했었다.

4부 교과서

친구들

기억 속에서
친구 모습들이 작아지고 있다.

강물에 깎이는 돌덩이처럼
시간이 깎여 점점 작아지고 있다.

흘러가는 세월이 많아질수록
지나가는 시간이 빨라질수록

큼지막했던 친구 모습들이
짤게 깎여져서 형태도 없어진다.

외로움이 바람으로 몹시 불 때면
날아오는 매운 그리움의
모래알이 되었다.

고향

비행기에서 내리자마자
저절로 나오는 고향사투리.

창고 속에 짱박아 놓아두던
물건 같은 말투가 입에 찰지게 붙는다.

매일 사용해도 매끄럽지 않은
표준말 같은 낯선 빌라 집.

드문드문 와서 그런지
위풍에 감기 걸리는 우리 고향 집.

아베 · 1

아베는 삼일절을 또 뭐라고 할까?

폭력 시위였다고
반정부 시위였다고 하겠지.

동양의 해방(解放)을 위해 세운 침략정부
전범(戰犯)의 주동자를 죽인 위인도
테러리스트로 모욕한 것처럼.

독립선언서에 서명했던 사람들을
혹세무민했던 사람들이라고
억지 부리겠지.

어린 나이로
앞장서서 독립 외치던 소녀도
혹세무민 자의 꼭두각시라고 하겠지.

외눈박이 아베는
반쪽자리 역사만 볼 수 있으니까.

혹세무민(惑世誣民) 세상을 어지럽히고 백성을 속이는 것

아베 · 2

아베는 제국주의란 병을
외할아버지에게서 물려받았다.

자기 민족도 홀려 끔찍한 전쟁하는데
도구로 만들었던 잔인함도 물려받았다.

생체실험 했던 못된 짓을 물려받아
아베는 양심 없는 역사로 수정한다.

이웃 민족을 학살했고 자살 테러했던
자들을 전쟁의 신으로 섬기고.

군복만 달라진 침략군에서
평화의 군으로 위장하려고 한다.

외할아버지가 마지막으로 물려준
패전국의 사죄를 하기 싫어
구차한 변명하고 있다,

독도강치17)

일본사람들은 독도에서
강치들을 보이는 대로
때려잡았다.

탯줄도 안 끊여진
갓 난 세끼들까지도
닥치는 대로 때려죽였다.

불법으로 가로챈 독도에서
훗날에 해야 되는 사람들을
학살 예행연습 했다.

강치들을 구분 없이
죽이며 끔찍하게 무차별
학살 예행연습을 충실히 했다.

---

17) 독도강치: 바다사자의 일종으로 독도에 서식했던 강치이다. 러.일 전쟁 이후에 독도를 불법으로 편입한 일본인들의 포획으로 멸종 됨.

들려옵니다.

살아 계셨으면
혼자 한 진 드시며 했을
아버지의 말씀이 들려옵니다.

TV를 보며
저놈은 뱃놈이 아니라고 하는
말씀이 메아리로 들려옵니다.

갈치들이 줄기차게 올라오는 낚싯줄도
자르고 잠기는 배로 가는 것이 뱃놈인데.

배가 잠기기 전에 돌아가기 위해
고기 때 쫓을 때보다 더 크게
고해고해18) 외치는 것이 뱃놈인데.

팬티만 입고 배를 버려
죠켠19) 목숨이 바다에 잠기는 것을 보는
저놈은 뱃놈이 아니라고 하는
메아리가 들려온다.

---

18) 고해고해: 배속도를 높이라고 하는 제주도 어부들의 말.
19) 죠켠: 아까운의 제주 사투리.

교과서

위조된 문서를 교과서에 싣고 있다.

밀렵꾼과 짜고 만들었던 강치사냥
허위로 자식들을 교육하려고 한다.

우리처럼 기록과 지도가 없는
그들은 불법문서를 유언장같이
교과서에 남긴다.

자식들에게 남의 땅을
가로채는 사기꾼이 되기 바라며.

또 같은 사람들이다

공무원들이 당정 지어
말하고 있다.

몸이 피곤하면
낮아지는 아이큐만 보고
그 사람들은 그곳에 살아야 한다고.

시간 맞추어 일어나고
시간 맞추어 자지 못하니까.

깨끗한 옷 입고
디러운 옷 벗는 줄 모르니까.

돈을 어디에 쓰고 쓰지 말아야 할지
시설에 살아야 된다고 한다.

자기들도 반복된 교육으로
그 모든 것들을 알게 된 것을 까먹고.

진아

진아는 하얀 천사의 마음을 가진
선생이 되어있겠지.

정신지체아동[20] 특성이 한 두게는
어린 시절 자기에게도 있다고 말했던 진아

학생들이 상동생동을[21] 보일 때마다
훗날 세상에서 받을 싸늘한 시선 슬퍼하고

늪 같은 학습된 무기력에[22] 빠진 학생들을
사랑의 훈육과 가르침으로 구하는
진아를 만나고 싶다.

---

20) 정신지체: 지적장애의 옛 용어
21) 상동생동: 지적장애인들이 보이는 이상생동
22) 학습된 무기력: 장애인들이 일상생활에서 많은 실패를 경험하여 자신은 아무것도 못한다는 생각.

시장 같다

헛소문이 생겨나는 시장 같다.

오고 가는 사람들이 떨어트린
토막 이야기로 조합해 헛소문을
만드는 시장 같다.

논문도 써 본 사람들인데
논리도 없는 이야기만 폭로하고 있다.

사실인지 거짓인지 가려보지도 않고
말꼬리 잡아서 싸움만 하는 사람들

회의도 일도 안 해도 활동비와
판공비까지 받은 무궁화 뱃지를 단
사람들이니까.

가을비

가을비가 술래잡기하는
아이들처럼 오는구나.

한참 동안 내리고 있어도
소리 없이 살금살금 오고 있다.

창문으로 눈을 돌렸을 때면
달아나는 아이들처럼
그치는 가을비

다리를 놓아야 한다.

시도 때도 없이 사나워지는
감정 물결 위에 다리를 놓아야 한다.

내 삶을 변화시켜 줄 꿈이
건너올 수 있게 튼튼한 다리를
세워야 한다.

한 번 사나워지기 시작하면
멈추지 않은 감정 물결을
배로도 못 건너오니까.

굳은 심지(心地)로 든든하게 세워
사나운 감정 물결에도
부서지지 않게 세우자.

블랙홀[23] 보다도 더 무서운 감정소용 놀이에
꿈이 빠지지 않고 내게로 올 수 있게
다리를 놓아야 한다.

---

23) 블랙홀: 별이 없어지면 생겨나는 큰 구멍으로 강한 힘으로 주위에 모든 것을 빨아드린다.

질문

뭐에 홀려 여기까지 왔느냐고
한쪽 내 마음이 질문한다.

주제도 모르고 용기를 가지게 하는
반대편 마음의 말 들으며 온 나를 질책한다.

귀가 얇아서 충동질하는
저쪽 말만 듣고 와서 부족한 나를
본다고 원망한다.

되돌아가는 길 표시도 않으면서
왔다고 호되게 나를
나무란다.

반대편 말 듣다가 너의 말 들었으면
우리는 지금처럼 방안 TV와 라디오 앞을
벗어날 수 있었을까.

눈이 내리려면

눈이 내리려면
밤하늘에 어둠만 있어야 한다.

산골 마을에서
새어 나온 전기 불빛 같은 별도

반가운 항구를
알려주는 등댓불 같은 달도

연탄 가루 같은 어둠에 파묻혀서
흔적도 없어야 한다.

언뜻언뜻 보이는 하늘
어둠에 새하얀 눈이 내린다.

겨울비

겨울비가 말채찍 같이 내린다.

얌전히 있던 말 같은 바람을
날뛰게 하는 비가 내리다.

쉽게 얌전해지지 않은 바람만
날뛰게 해놓고 그치는 겨울비.

앙상한 가시나무 숲만 남겼다.

씨 뿌리는 듯이

씨 뿌리는 것처럼 말을 하자.

열매를 맺힐 수 있는 씨만 골라내서
뿌리는 것처럼 소망들을 말하자.

씨 가꾸는 것처럼 말을 하자.

씨 속에 열매가 텅 빈 밭을
가득 채울 때까지 가꾸는 것처럼
소망들을 계속 말하자.

제철이 되면 나무마다 가득한
열매 같이 소망들이 이루어지는 삶을
사는 기쁨이 일을 테니까.

5부
한마디 말씀

감사합니다.

한 계단 내려가서 감사합니다.

위에 있는 사람들이 말하는
나의 허물을 낮은 자세로 들을 수 있게 해서.

높은 계단에서 바라보고 감사합니다.

질투가 섞인 눈으로 보지 않고
내가 못 갖진 좋은 점을 볼 수 있게 해서

한 계단 한 계단 올라가면서
나의 부족한 점을 더 많이 깨우치게
해주어서 감사합니다.

즐거운 밤

하나도 변하지 않은
마음을 볼 수 있어 즐거운 이 밤.

각자 사는 곳도 달라지고,
어색할 수 있을 만큼 시간이 흘러서도,

안아주고 업어주고 하면서 함께 끝까지
갔던 옛 시절처럼 함께하고 있다.

장애가 있고 없고 어떤 장에도 상관없고
술자리와 함께하는 좋은 동기와 선후배로
모여서 밤을 홀딱 새운다.

낙인 없애기

기억에 영원히 지울 수 없는 낙인이
새겨져서 거짓말을 할 수밖에 없다.

전쟁 귀신에 홀려 침략하는 동안
저질렀던 악행 낙인을 지우려고 한다.

어린 목숨도 모자라 어린 순결까지도
전쟁자원으로 활용했던 기억 지우려고 한다.

침략배상금을 선의의 원조로 지옥 섬[24]을
산업화에 상징으로 둔갑시키며
침략자란 낙인을 없애려고 한다.

---

24) 지옥 섬: 우리나라 징용자들이 강제노동 했던 해저탄광이 있던 하지마 섬.

지제

사인펜으로 한문도 못 쓰는 주제라
지제[25]하지 말라고 하지 못했다.

팔십 넘은 나이에 제사 모시는 일이
힘 부치는 것을 알기 때문이다.

미수(米壽)[26]까지 불구자[27] 외 후손을
밥 먹어주시던 왕 할머니.

딸도 그만큼 늙어 이번에만
제사 드리겠다고 축문[28] 준비하다.

입에서 단내가 날 때도 동골이[29]도
못 사드린 외 후손이 제사
한 번 드릴 때까지 하자고 말 못했다.

---

25) 지제: 마지막 제사의 제주도 말.
26) 미수: 88세
27) 불구자: 장애인의 옛 용어
28) 축문: 제사 때 낭독하는 문장.
29) 동골이: 사탕의 제주도 말.

철없는 생각

몇 달 동안 시설에 살까?

서른다섯 살까지 원하는 곳에서 살아
철이 안 든 나는 또 철없는 생각 한다.

흘리는 대로 음식 버리고
새 음식들을 먹었던 나도.

고민으로 위장해서 떼를 쓰면서
살아온 바람에 철이 안 든 나도.

먹다가 토하면 돌로 먹어야 하고
몹쓸 짓 당하는 친구를 조용히 봐야 하는

입술로만 했던 내 삶이 감사한다는 말에
마음을 담을 수 있는 철이 들까?

물려주기 싫은 유산

보면 볼수록 안쓰러운 모습이다.

한낱 영화 내용도 역사 왜곡이라고
생떼 부릴 수밖에 없는 모습이.

어린애들을 총알받이와
욕정(欲情)받이로 끌고 갔던
죄를 숨겨 후손들이 모르게 한다.

사람을 무기로 만들면서
광(狂)적인 전쟁도 역사책에서
지우려고 한다.

자식들에게 전범 국가란 사실 대신
강치 불법 밀렵했던 독도를
자기네 땅으로 알려주려고 한다.

팽목항의 홍수

물결 끝에서
언뜻 보이고 사라지는 흰 포말들이
허우적대다 바다에 빠지는 아이들로 보여
부모들이 울며 팽목항에 그치지 않은
눈물의 비가 내린다.

누구보다도 어른들의 말을
잘 듣도록 키워 바다 밑에서
"구해주세요" 외치게 했다는 죄책감이
눈물의 비는 더욱더 강하게 쏟아져서
팽목항에는 가슴 아픈 호수가 있다.

4월인데

겨울이 생떼를 쓰고 있습니다.

아직도 가기 싫다고
차가운 비로 꽃들을 떨어지게 합니다.

차가운 바람으로 곱게 깔아놓은
융단을 찢는 것 같이 꽃들을
조각조각 냅니다.

따뜻한 봄 햇살이
피워놓은 꽃들을 밟으며
4월에 눈을 내리고 있습니다.

빈자리

체육관에 여기저기
빈자리들이 널려 있다.

참혹한 기다림 끝에 가슴에 자식을 묻고
가족들이 돌아가며 체육관은 점점
텅 비어 갑니다.

오늘도 가슴 뭣자리에
자식을 묻지 못한 가족들만 남은 체육관.

내일이면 바다 밑에 있는 자식
시신을 건져 묻게 될까 봐
가슴 뭣자리에서 눈물을 퍼냅니다.

마지막 선물

흥겨운 윷가락 던지는 소리가
아버지의 마지막 선물입니다.

마을 사람들이 몰려와 밤새
윷가락 던지며 노는
상가(喪家).

슬픈 곡소리를
더 크게 키우는 고요함이 없는
상가(喪家).

진열된 인형처럼
가족들에게 마지막으로 주시고 가는
선물이다.

하수(下手)

강산이 두 번 변해도
글 쓸 때마다 남의 말을 먼저
생각하는 하수(下手)이다.

그동안
단어들만 많이 익혀
조잡한 문장만 쓰게 된 것뿐이다.

이 문장 저 문장 썩어서
세상에 없는 글을 내보이고 싶은
욕심도 생겨났다.

생각과 느낌이 그대로 버무려질 때
좋은 글이 되는 것을 매번 깨우쳐도
또 까먹고 만다.

벚꽃 같지 않다.

꿈이
한번 봄비 내릴 때 피고
두 번 봄비 내릴 때 지는
벚꽃 같지 않았어 힘이 났다.

목포가
구름이 내려앉은 듯한
환상(幻想)처럼 피었다가
얼마 되지 않아 쪼개져서 흩어지는
벚꽃 같지 않았어 희망이 있다.

성취감이
하루 밤사이에 화려하게 피는
벚꽃과 달리 조금씩 커져서
나는 미래를 그릴 수 있다.

무정한 아들

시간이란
독한 약 먹었다고 말하면
적당한 핑계가 될까?

겨우 열두 달도 지났지 않았는데
나는 아버지를 잊고 살아간다.

녹음된 소리처럼 귀에서 재생하던
아버지와의 마지막 통화가 지워진다.

마지막 통화도 모르고
기계 같은 대답한 것이 후회하는
눈물도 없어진다.

살점이 없는 마른 생선 같았던
아버지의 몸이 가물가물해져
첫 제사 날짜도 헷갈린다.

봄비를 기다리며

톡톡 거리며 내리는 봄비를 기다린다.

개나리들을 노랗게 물들이는
봄비를 기다린다.

삐악삐악 대며 내리는
봄비를 기다린다.

달걀 같이 부풀러 오른 목련 꽃봉오리
활짝 터뜨리는 봄비를 기다린다.

잔설(殘雪)이 있던 산마루에
연둣빛 풀들이 돋아나는 봄비를 기다린다.

가정교육

– 아베 신조 총리 외할아버지[30]–

반성이 없는 역사로 수정하는
당신도 아무 잘못이 없다.

반성할 줄 몰랐던
외할아버지 손에서 자란 탓이지

일제 침략전쟁의 군사인 자신을
성전(聖戰)의 용사로 미화(美化)시키며

어린 여자애들을 끌고 간 범죄를
자랑스러운 일로 말한 외할아버지 때문에

노인, 어린아이 할 것 없이 학살했던 것도
고의성이 없다는 변명 하는 말에 최면 걸려서

용서받지 못하는 외할아버지의
행위 정당성을 만들어 내는 것이다.

---

30) 기시 노부스케: 아베 신조 총리에게 큰 영향은 준 외할아버지로 난징대학살에 깊이 관련 있는 A급 전범.

세상이 비판해도 반성이 없는 역사로
면죄부 받을 수 있게 해주는
꼭두각시로 키운 탓이다.

광한루의 사랑

버드나무 꽃가루들이 날리며
광한루에 안자 사랑하고 싶다.

특수효과 장치와 컴퓨터 그래픽 없이도
신비스러운 배경에서 마주 보며
미소를 나누고 싶다.

서로 꼬리를 살짝살짝 부딪치며
나란히 헤엄치는 두 마리의 잉어처럼
수줍고도 조심스럽게 변하지 않는
첫사랑을 오랫동안 가지고 싶다.

점점 닮아가면서 더욱더 깊어지는
아름다운 사랑을 고스란히 전하는
이야기로 남고 싶다.

새롭게 피는 꽃

– 무궁화

첫 햇살을 빛을 때마다
새롭게 피는 꽃
매일 매일 발전하는
우리의 모습이다.

필 때마다 더욱 진해지는
향기를 가진 꽃
깊어지는 우리의
문화와 전통이다.

뿌리는 깊어지고
꽃은 찬란한
무궁화는
우리의 미래이다.

고향 집

잔물결 소리 같은 웃음소리가
파도 소리 같은 신음 소리에
마음이 졸여지는 날들이
많았던 고향 집.

돌멩이들을 쓰다듬고 물결 같은 사랑보다
바위도 아프게 때리는 파도 같은 기억들이
더 많았던 집이었다.

모진 비바람에 흉하게 쭈글쭈글해지는
바다 모습처럼 변해가는 할머니. 아버지 모습에
마음 아픔 날들이 많았던 고향 집
그리운 날이 많아진다.

한마디 말씀

한마디 말씀이 시냇물처럼
마음에서 흐릅니다.

포기란 절벽에서 있을 때
붙잡아 준 사람들의 얼굴들
꽃으로 피우며 흐릅니다.

서리 같은 절망 맞고 시들 풀
마음에 있던 얼굴들을
파릇파릇하게 가슴에 흐릅니다.

좌절이란 마른 잎 같았던 얼굴들
푸른 잎이 되어 마음을
가득 채우고 흐릅니다,

지금까지 받은 은혜를
생각하라 하는 한마디 말씀이
시냇물처럼 흐르며 풍성하게 합니다.

친구의 아버지

주름이 더 뚜렷해진
친구의 아버님을 뵐 때
하고 싶은 말들이 가슴에 가득했다.

이승을 떠나는 친구를
배웅 못한 이는 구차한
이유들을 쏟아내고 싶었다.

친구와 함께했던 모습이
담긴 영상을 보는 순간 잊고 살아가는
사실에 말문은 막히고 눈물만 흘렸다.

여름 하늘

느닷없이 쏟아지는 소나기로
한바탕 땀 흐리더니
훌러덩 구름들은 벗었다.

시원한 나무그늘 밑에
매미들이 덥다고
아우성치는 여름날

창피함도 모르고 한 자락
구름도 걸치지 않는 하늘
맨몸을 드러내어 보인다.